仏事Q&A　日蓮宗

日蓮宗現代宗教研究所

国書刊行会

はじめに

釈尊《しゃくそん》（釈迦牟尼世尊《しゃかむにせそん》＝釈迦族出身の聖者）によって創唱された仏教はインドからアジア各地へ伝わり、世界中へ広まっています。日本へは、中国を経て、六世紀のなかばごろに朝鮮半島から到来しました。以来、奈良、平安、鎌倉仏教が生まれ、江戸時代に至って、「寺院」と「檀信徒」によって仏事が営まれる今日の姿となりました。

日蓮聖人（一二二二―一二八二）は、承久《じょうきゅう》四（貞応《じょうおう》元）年二月十六日、現在の誕生寺《たんじょうじ》がある、千葉県安房小湊にお生まれになりました。その後、長い求道の果てに、聖人は釈尊の真意は法華経にあることを確信され、建長《けんちょう》五（一二五三）年四月二十八日、清澄寺《せいちょうじ》で法華経のお題目、〝南無妙法蓮華経〟を初めて唱え、立正安国の教えを広められたのです。

日蓮聖人の願いは、七百年の時を経て、現在、日蓮宗が展開する「立正安国・お題目結縁《けちえん》運動」に継承されています。この運動は、檀信徒一人ひとりが唱えるお題目のいのりから始まります。

ところで、全国各地の寺院を支えている地域共同体は、戦後の都市化と核家族化、加えて少子高齢・人口減少によって変化し、葬儀や法事を始めとする仏事の継承は困難になってきました。本書は、日蓮宗の仏事について知りたいという人びとのために生まれたものです。日蓮宗の教えが具体的な形となったものが仏事です。私たちは仏事を通し、釈尊と日蓮聖人の智慧と慈悲に導かれ、不安定な世の中にあって大きな心の依りどころを得るのです。

令和三（二〇二一）年には、日蓮聖人がお生まれになってから八〇〇年を迎えます。全国にお題目の声が溢《あふ》れ、いのちが尊重される安穏な社会の実現することを願うものです。

仏事Q&A　日蓮宗❖目次

二　日本の歳時記とお寺の年中行事

三　葬儀をご縁として

一　お寺を訪ねて

Q.1

日蓮宗のご本尊《ほんぞん》は何ですか?

本尊とは、仏教を信仰する上で礼拝《らいはい》、尊崇《そんすう》する対象の中心となる仏さまなどのことをいいます。

日蓮宗では、日蓮聖人がお書きになられた文字式の大曼荼羅《まんだら》を本尊とするのが通例です。

日蓮宗のお寺の本堂はしばしば祖師堂とも呼ばれ、日蓮聖人像が祀られていることが多いので、日蓮聖人を拝んでいると思われている方もあるかもしれませんが、よく見ていただくと、日蓮聖人像の奥に、大曼荼羅ご本尊が奉安してあります。

大曼荼羅には、法華経の本門の虚空会《こくうえ》(法華経の後半部分の、お釈迦さまが本当は永遠の寿命を持つことを説き明かす部分。お釈迦さまが虚空に浮ぶ多宝塔《たほうとう》の中に坐し、聴衆も仏の神通力《じんずうりき》によって虚空に引き上げられて説法を聞くので、虚空会といいます）のすがた、すなわち、仏さまによる救済の世界がえがかれています。

日蓮聖人は、「お題目の光明に照らされることによって、私たちにもともと具《そなわ》っている尊さがあらわされて、成仏のすがたを示す。それが本尊である」と仰っています。

このため、このご本尊を「十界皆成《じっかいかいじょう》の本尊」といいます。十界とは、仏から地獄までのすべての世界のことで、そのすべてが成仏する本尊という意味です。

大曼荼羅の図相を造像して本尊とすることもあります。

Q.2 ご本尊《ほんぞん》の前で、何と唱えればよいのですか？

ご本尊の前ではお題目〝南無妙法蓮華経《なむみょうほうれんげきょう》〟を唱えます。これを唱《しょう》題《だい》といいます。

南無というのは、帰依《きえ》する、信仰する、という意味です。サンスクリット語というインドの古語のナモーという音を写した訳語です。妙法蓮華経というのは、一般に法華経と呼ばれているお経のフルネームです。サンスクリット語の、サッダルマ（妙法）・プンダリーカ（蓮華）・スートラ（経）を訳したものです。

しかし、妙法蓮華経の五字は、単なる経のタイトルではありません。日蓮聖人は、「人びとは妙法蓮華経の五字を名（表層）だと思っているけれども、そうではなくて体（中心）なのです。体というのは心のことです」と仰っています。

まず、ご本尊に向かって合掌し、心を込めて、お腹から声を出して、南無妙法蓮華経とお唱えしましょう。

もし、お題目だけではなく、お経もお唱えしたい、という場合は、法華経の如来寿量品《にょらいじゅりょうほん》第十六の「自我偈《じがげ》」（一四四〜一四六頁参照）といわれる部分や、方便品《ほうべんぽん》第二の十如是《じゅうにょぜ》までの部分などを読んでくださ い（第四章Q4や第五章Q4、Q5をご参照ください）。

Q.3 お題目を唱えればご利益《りやく》があるのですか？

もちろん、ご利益はあります。

日蓮聖人は、「お釈迦さまの修行とその功徳はすべて妙法蓮華経の五字に込められています。この五字を受持《じゅじ》することによって、自然に、そのすべての功徳を譲り与えていただけます」と仰っています。

お題目を唱えるということは、妙法蓮華経の五字を受持（＝南無）するための根本の行です。お題目を信じ、法華経を信じ、お釈迦さまを信じ、日蓮聖人を信じて、お題目を唱えることによって、お釈迦さまの功徳のすべてを譲り与えていただくという、これ以上ないご利益を頂戴することができるのです。

こう申し上げると、少しイメージが違うかもしれません。

一般には、ご利益といえば、お金が儲かったり、病気が治ったり、ということでしょうから。

日蓮聖人も、お題目のお蔭で何度も難を救われておられますし、ご生母の寿命を四年間延ばされたこともありますので、そのようなご利益をいただけることもあるかと思います。

けれど、宝くじに当たったために身を滅ぼす人があるように、何がご利益かは、軽々には判断できないものです。

お題目の信仰によって安心立命《あんじんりゅうめい》（心を安らかに身を天命に任せ、どんな場合にも動じない）の境地を得ることこそ、真のご利益なのではないでしょうか。

Q.4 お守りはありますか？

お守りとは、仏さまや神さまの魂がこもり、私たちを加護してくださるお札《ふだ》などのことです。お経文や仏さまの姿を絵に描いてあるものが多いようです。

日蓮宗では、家内安全・商売繁盛・厄除・安産成就・交通安全・当病平癒・合格祈願・心願成就などを祈念するお守りを、身延山久遠寺《おんじ》をはじめとする各本山、全国の寺院で授かることができます。

日蓮聖人は、信者に対して「大曼荼羅ご本尊」をお守りとして授けられたりしました。大切に持ち続けられた「護《まも》り本尊」は、現在に伝えられています。

お守りは、形状や用い方もさまざまです。

家屋の中の、玄関や台所、お手洗いなどに貼る守り札、身に着けるお守り、バッグなどに付けるお守り、袋状のものや小型の経巻《きょうがん》の形をしたもの、また、服用するお守りもあります。

Q.5 御《ご》朱《しゅ》印《いん》とは何ですか？

寺院にお参りしたときにいただく参拝の証《あか》しを御朱印といいます。もとは写経をお寺に納めたしるしとしていただいたものといわれています。一般に、お寺の名前や紋などが入っている判を朱肉で押印しますので、御朱印といわれます。

日蓮宗のお寺では、真ん中に「南無妙法蓮華経」のお題目を記し、お経の一節や日蓮聖人の御遺文、仏教の金言《きんげん》などを書き添えて、御朱印を押すことが多いようです。

ですから、御朱印を集める「御朱印帳」のことを、日蓮宗では「御首題帳《ごしゅだいちょう》」などと呼んでいます。

御朱印は、単なるスタンプではなく、信仰のために巡礼した証しですので、他宗派の寺社と一緒の御朱印帳はおすすめできません。日蓮宗信徒の方は日蓮宗専用のものを用意しましょう。

日蓮宗徒の中には、古くから全国の日蓮宗の寺院を巡礼して廻る人びとがおり、江戸時代には「千ヶ寺《せんかじ》参《まい》り」と呼ばれる巡礼形式がありました。そうした人びとの御朱印帳が今も各地に残されています。

Q.6 日蓮宗には修行はありますか？

日蓮宗の僧侶は日々唱題行《しょうだいぎょう》や読誦行《どくじゅぎょう》に励んでいますが、他に、日蓮宗僧侶となるために必修の「信行道場《しんぎょうどうじょう》」（身延山久遠寺《みのぶさんくおんじ》）での修行や、志願者が行う「加行所《けぎょうしょ》」（中山法華経寺大荒行堂《なかやまほけきょうじだいあらぎょうどう》）における百日の読経《どきょう》・水行三昧《すいぎょうざんまい》の修行などもあります。

日蓮宗の修行は、僧侶・檀信徒を問わずすべて「法華経」に基づく菩薩行（自《みずか》ら成仏を目指すとともに人びとを救う修行）です。

代表的なものに、五種法師《ごしゅほっし》と呼ばれる五種類の修行があります。受持《じゅじ》（法華経を受け持《たも》つ）、読《どく》（経文を読む）、誦《じゅ》（経文を暗誦する）、解説《げせつ》（教えを説く）、書写《しょしゃ》（写経）です。

このうち、受持の行、すなわち南無妙法蓮華経と唱える唱題修行が正行《しょうぎょう》であり、他の四つは補助的な修行（助行《じょぎょう》）です。

また、布施《ふせ》（ほどこしをする）、持戒《じかい》（自己を律する）、忍辱《にんにく》（耐え忍ぶ）、精進《しょうじん》（不断の努力）、禅定《ぜんじょう》（心を静める）、智慧《ちえ》（正しく理解する）の六波羅蜜《ろくはらみつ》も大切にされています。

Q.7 日蓮宗ではどのようなお経を読みますか？

日蓮宗の信仰は、お題目（南無妙法蓮華経）の信仰です。

ですから、日蓮宗では、『妙法蓮華経』（法華経）を最も尊重します。葬儀や年回法要、彼岸、盂蘭盆《うらぼん》などの法要、朝夕のお勤めなどでは法華経を読みます。

法華経は八巻、全二十八品《ぼん》（章）、約七万文字からなり、前半を迹《しゃく》門《もん》、後半を本門《ほんもん》と呼びます。

迹門では「誰でも仏になることができる」という一乗の教えが説かれます。

本門では「お釈迦さまは、久遠《くおん》の寿命を持ち、永久に人びとを救い続け、すべての仏の根本となる仏である」という教えが説き明かされています。

法華経から重要な部分を抜き出した「要品《ようほん》」と呼ばれる部分が読まれることが多いのですが、中でも方便品《ほうべんぼん》第二、如来寿量品《にょらいじゅりょうほん》第十六、如来神力品《にょらいじんりきほん》第二十一は「三品経《さんぼんきょう》」とも呼ばれ、最もよく読まれています。

Q.8 誰でも参加できる修行体験はありますか？

日蓮宗の修行の基本は唱題《しょうだい》と読経《どきょう》です。

日蓮宗の多くのお寺で、信行会《しんぎょうかい》や読経の会、あるいは写経の会などを催していますので、菩提寺《ぼだいじ》や近隣寺院に問い合わせてください。

ここでは、本山で行われている修行の会の一部をご紹介します。

東京都大田区の大本山池上本門寺《いけがみほんもんじ》では、「法話と写経の会」、「静坐《じょうざ》と唱題行」を開催しています。また、一泊の「洗心道場《せんしん》」もあります。

京都府山科《やましな》の大本山本圀寺《ほんこくじ》では、「聞法会《もんぼうえ》」、「写経会」、「求法会《ぐほうえ》」が行われています。

東京都杉並区の本山堀之内妙法寺《ほりのうちみょうほうじ》では、「御題目道場」、「写経会」、

「法華経読誦《どくじゅ》道場」などが行われています。

神奈川県藤沢市の霊跡本山龍口寺《りゅうこうじ》と東京都台東区本山瑞輪寺《ずいりんじ》では「信行会」、千葉県茂原市本山藻原寺《そうげんじ》では「読誦会《どくじゅえ》」、東京都大田区本山本行寺《ほんぎょうじ》では「一万遍唱題行」がそれぞれ行われています。

また、総本山身延山《みのぶさん》久遠寺《くおんじ》の宿坊でも、写経や唱題行、静坐会などが行われています（詳しくはＨＰ「みのぶガール」のプチ修行〔http://www.minobu-girl.com/training〕をご覧ください）。

コラム① お経の功徳

かつては、街の路地を歩いていると、ときおり勤行《ごんぎょう》のひびきを耳にしたものです。この頃はそのようなこともなく残念に思っていました。しかし、先日、ある山村の民宿に滞在したときのこと、早朝、宿のひとの勤行を耳にして、たいへん心が和《なご》んだものでした。

お経には、次のような逸話が伝わっています。

お釈迦さまに須達《すだっ》という信者がいました。須達は二羽のオウムを飼っていました。この二羽のオウムは人のことばをよく理解することができたのです。

さて、お釈迦さまの弟子の阿難《あなん》はたいへんこのオウムが好きで、オウムにお釈迦さまの教えの一句を覚えさせました。オウムは教えの意味もわからず、樹を上ったり下りたりしながら、教えの一句を見事にさえずるようになりました。

ところが、ある夕暮れのこと、二羽のオウムは狸におそわれて死んだのです。阿難はたいへん悲しみ、お釈迦さまのところへ参り、二羽のオウムは死んだのちに、どこへ生まれ変わったのかと質問しました。

お釈迦さまは、教えの一句を唱えたオウムは天上界へ生まれ、のちには人間として生まれ、仏道を修行するようになるだろうと答えられたということです。

日蓮聖人は、この逸話を『法華題目鈔《ほっけだいもくしょう》』に引用されています。

私たちも、朝夕に家庭の中で勤行に励みたいものです。心は清く、家庭は穏やかになっていくでしょう。

二　日本の歳時記とお寺の年中行事

Q.1 日蓮宗では、お正月をどのように迎えるのですか?

日蓮宗の多くのお寺では、お正月に「新年祝禱会《しんねんしゅくとうえ》」を催します。新年を祝い、その年の幸いを願い、また社会の平安を祈るのです。大晦日の除夜の鐘に引きつづいて、元日に開くお寺もたくさんあります。

仏前に白米・供餅《くもち》などをお供えしたり、その年の新しい祈願札をいただいて古いお札をお返ししたりする地方もあれば、「初詣寒水《はつもうでかんすい》荒行《あらぎょう》」が盛んな地域があったりと、新しい年を迎えるお寺の表情は、各地でさまざまです。

日蓮宗の総本山身延山久遠寺《みのぶさんくおんじ》では、正月十三日に御年頭会《おねんとうえ》という儀式が盛大に行われます。日蓮聖人のご命日は十月十三日なので、正月十三日はその年の最初の月命日に当たることから、聖人に謹んで御年賀を申し上げ、その年の慶福を祈念するのです。

年のはじめに、菩提寺《ぼだいじ》にお参りをして、仏さまやご先祖に手を合わせ、去っていった一年を反省し、その年の幸福を祈願しましょう。自分のことだけでなく、社会の安穏、世界の平和を祈る気持ちを持ちたいものです。

Q.2 恵方巻きは、一気に食べないと願い事は叶いませんか？

節分の日に、その年の最もよいとされる方角（恵方）を向いて巻き寿司を食べ、無病息災を願うのが「恵方巻き」の風習です。

もともとは関西地方で行われていたもののようですが、コンビニエンスストアやスーパーマーケットが恵方巻きを売り出したことで、近年全国的に広まってきました。

また、恵方巻きは丸かぶりして一気に食べなければ、ご利益《りやく》を得られないともいわれているようです。

季節の変わり目である節分には、日蓮宗の多くのお寺で「節分会《せつぶんえ》」や「追儺会《ついなえ》」、「星祭り」といった法要が営まれ、豆まきなどが行われています。災いを除き福を招く「厄払い」のための行事です。

私たちは自分の身に悪いことが起きるのを避けようとします。恵方巻きを食べて「ご利益を得たい」という願いもその現れといえるでしょう。

しかし、どんな困難にも立ち向かえる信仰心をたもつというのが日蓮聖人の教えです。方角や食べ方にあまりとらわれず、新しい風習のひとつとして、楽しみながら恵方巻きを食べてはいかがでしょうか。

Q.3

お寺で結婚式はできますか?

もちろんできます。

お寺での結婚式を「仏前結婚式」といいます。ご本尊と両家のご先祖に対し、夫婦が苦楽をともにして幸せな家庭を築くことを誓い、結婚の報告をし、お数珠をいただきます(もちろん、指輪の交換もできます)。

日蓮聖人は『兄弟鈔《きょうだいしょう》』というご文章の中で夫婦について次のように仰っています。

今あなたがた二人は、一人が欠けてもダメなのです。たとえてみれば、鳥に二つの翼があり、人に両眼があるようなもので、互いに助け合って存在しているのです。……夫が楽しめば妻も栄えるし、夫が盗人であれば妻も盗人となります。こうした夫婦の契《ちぎ》りはこの世だけのことではありません。影と身とのように、華と果とのように、根と葉とのように、ともどものものなのです。（趣意）

ご縁があってかけがえのない人に巡り会い、ともに人生を歩むことができるのはとてもありがたいことです。そのことを、ご家族・ご親族だけではなく、ご本尊とご先祖に報告し、感謝して、みなでお祝いすることができる結婚式、それが「仏前結婚式」だといえましょう。

Q.4 お寺で七五三を行えますか？

日蓮宗のお寺では、七歳・五歳・三歳を迎える子どもを対象にして、七五三の特別祈願をしているところがたくさんあります。お守りや千歳飴が仕度されているお寺や、記念写真が撮れるところもあるようです。子どものこれまでの無事に感謝し、これからも健《すこ》やかに成長するように祈念するものです。

七五三は、もともとは、三・五・七歳が子どもの厄年《やくどし》とされることから、子どもの「厄落《やくお》とし」として宮中や公家で行われていたものが、明治時代ごろから広く庶民の間でも行われるようになりました。

三歳の男女……髪置《かみおき》：髪をのばしはじめる

五歳男子……袴着《はかまぎ》：はじめて袴をつける
七歳女子……帯解《おびとき》：帯をつかいはじめる
が由来とされ、十一月十五日に行われます。旧暦の十五日は鬼宿日《きしゅくにち》（鬼が出歩かない日）に当たるので吉とされました。
また日蓮宗には、子育ての神様として「鬼子母神《きしもじん》」を祀っているお寺も多く、七五三に限らず、信仰され、親しまれています。
時代や地域によって形式はさまざまですが、子どもたちの健康と幸福を願う気持ちは昔も今も変わりません。

Q.5 葬儀や法事以外で、お寺にお参りすることはありますか？

お寺は、いつでもみなさんに開かれている場所です。葬儀や法事の折りでなくとも、思い立ったときにお寺にお参りして、ご本尊を拝んでください。

年中行事としては、盂蘭盆会《うらぼんえ》、春・秋の彼岸会、花祭り（お釈迦さまの誕生会）などを行っているお寺が多いようです。日蓮聖人のご命日である十月十三日とその前夜に営まれるお会式《えしき》（第二章Ｑ９参照）は、日蓮宗で大切にされる法要のひとつです（旧暦で行うなど、さまざまな場合があります）。

その他、それぞれのお寺でお祀りしている神仏（鬼子母神《きしもじん》、妙見菩薩《みょうけんぼさつ》、大黒天などの七福神、帝釈天、摩利支天《まりしてん》など）の縁日の法要、月例の信行会《しんぎょうかい》、法華経や日蓮聖人の御遺文を読む勉強会を始めとして、最近では、コンサートや落語など、さまざまな催しを行うお寺が増えています。

菩提寺《ぼだいじ》でなくとも、ご縁のあるお寺にお参りしてみてください。

Q.6 雅楽《ががく》は仏教と関係があるのですか？

雅楽というのは「俗楽《ぞくがく》」に対することばで、「雅正《がせい》の楽」の意味をもっています。

大宝令（七〇一年）によって雅楽寮《うたまいのつかさ》が設けられ、それまでに中国や朝鮮などから伝わっていた、唐楽《とうがく》、高麗楽《こまがく》などの外来の音楽や舞を司るようになりましたが、それに日本古来の音楽や舞（国風歌舞《くにぶりのうたまい》）、平安時代に作られた歌曲（催馬楽《さいばら》・朗詠《ろうえい》）を含めた総称を、「雅楽」といっています。

日蓮宗のお寺でも大きな法要の前後などに雅楽が行われてきました。現在でも雅楽の三管である「篳篥《ひちりき》」、「龍笛《りゅうてき》」、「笙《しょう》」を中心に雅楽器の習得に励む僧侶がたくさんいます。

「法華経」には、「さまざまな音楽を奏でて、妙《たえ》なる音をもって供養したり、喜びの心をもって仏さまの徳を讃える唄《うた》を歌うならば、そのような人びとはみなすでに仏道を成就しているのである」と説かれています。

寺院で行われる雅楽法要に参列する機会がありましたら、その「妙なる音」に耳を澄ませてみてください。

Q.7 永代経《えいたいきょう》とはどのような意味ですか？

永代供養のことです。自分やご先祖の供養をのちのちまで（三十三回忌まで、五十回忌までなど）菩提寺《ぼだいじ》に続けてもらうことを永代供養といいますが、その名称の一つとして、主に浄土宗や浄土真宗で「永代経」ということばが使われています。

永代供養の方法は、お寺によって多少の違いがありますが、年回忌や命日に、読経《どきょう》、回向《えこう》してもらうのが一般です。万が一、後世に子孫が絶えた場合でも、日蓮宗の信仰にもとづく供養を受けることができます。

日本では、永代供養が多くの階層に広まったのは中世だといわれています。この時代は、金融経済が盛んになった時期で、最初に納めたお布施が利息を生み、その分でいつまでも供養を続けられるという考え方が生まれたのです。その寄進を宗派によっては「祠堂《しどう》銭《せん》」などと呼びます。

永代供養は、信仰と経済的合理性が結びついたものであったわけですが、久遠の仏さまとの永遠の結びつきを求める人びとの信仰の形でもあるのです。

Q.8 彼岸《ひがん》とはどのような意味ですか？

彼岸というのは、彼《か》の岸、つまり向こう岸のことですが、こちらの岸、すなわち私たちの住んでいる迷いの世界である「此岸《しがん》」に対して、仏さまの悟りの世界、理想の境地のことを表したことばです。完成を意味するパーラミター（波羅蜜）という梵語《ぼんご》（サンスクリット語という古代インド語）を「到彼岸」（彼岸に到る）と訳しました。

春分・秋分を中日として、その前後三日間の一週間を彼岸と呼びますが、春分・秋分は昼夜の時間が等しくなることから、中道を重んずる仏教思想と合致し、この日に法要を営むようになったといわれています。

六波羅蜜《ろくはらみつ》（布施《ふせ》波羅蜜・持戒《じかい》波羅蜜・忍辱《にんにく》波羅蜜・精進《しょうじん》波羅蜜・禅定《ぜんじょう》

波羅蜜・智慧《ちえ》〔般若《はんにゃ》〕波羅蜜）という仏道修行をして、悟りの世界である彼岸をめざす期間なのですが、日本の伝統的な先祖供養の信仰と結びついて、祖先の霊を供養する行事となってきました。

仕事や家事に追われがちな現代ですが、せめて彼岸の時節には、心を落ち着けてご先祖と向き合い、向こう岸であるさとりの世界に思いをはせたいものです。

Q.9 お会式《えしき》とは何ですか？

「会式」はもともと「法会の儀式」のことで、日蓮宗に限られたことばではありませんが、現在では、日蓮聖人のご命日である十月十三日に合わせて行われる御報恩会式《ごほうおんえしき》のことを、とくにこう呼びならわしています。

晩年、病を得られた日蓮聖人は、弘安《こうあん》五（一二八二）年九月、足掛け九年間を過ごされた身延山《みのぶさん》を発ち、湯治のために常陸国へと向かわれました。途中、武蔵国池上（現在の東京都大田区池上）の池上宗仲《いけがみむねなか》公の邸（現在の大坊本行寺《ほんぎょうじ》）にお立ち寄りになられましたが、病勢が進み、十月十三日辰の刻（午前八時ごろ）にご入滅《にゅうめつ》なさいました。

このご命日に当たり、日蓮聖人のご遺徳を偲《しの》んで報恩感謝の祈りを捧げる儀式が「お会式」です。「大会《だいえ》」、「御影講《みえいこう》」「御影供《みえいく》」「御命講《おめいこう》」などともいわれていました。

ご入滅の地である池上本門寺《いけがみほんもんじ》のお会式は、逮夜《たいや》にあたる十月十二日に数多くの万灯行列《まんどうぎょうれつ》が奉納され、参詣者が境内を埋めつくすほど盛大で名高いのですが、全国各地の日蓮宗寺院でも「お会式」が行われています。近隣のご寺院に日程などをご確認の上、ご参拝なさるとよいでしょう。

Q.10 除夜について教えてください。

十二月三十一日は大晦日。一年の最後の日です。古い年を除き去り新年を迎えるという意味から、この日を除日《じょじつ》といい、その夜のことを除夜、除夕《じょせき》と称します。夜を除くと解釈して、夜眠らずに元旦の朝まで起きている風習につながったという説もあります。

除夜といえば、除夜の鐘が知られていますが、中国で宋の時代に始まり、日本では近世になって広まったとされています。

百八の煩悩《ぼんのう》を滅するために、その数だけ鐘を撞《つ》くといわれていますが、もともとこれは除夜に限ったことではなかったようです。

百七点までを旧年中に撞き、最後の一点は新年に撞き鳴らすのが伝統的でしたが、近年では、午前零時の時報から撞き始めるところも多くなっています。

鐘の音を聞きながら、この一年間のことを懺悔《さんげ》し反省して、清らかな心で新年を迎えたいものです。

イラスト：花色木綿

コラム②　本堂と祖師堂

お寺に行くと、本堂があります。そのお寺のご本尊をお祀りしているお堂です。日蓮宗の場合、そのお堂が「祖師堂」と呼ばれていることがよくあります。

祖師とは一宗の開祖のことを言いますが、落語の枕で「祖師は日蓮に奪われ、大師は弘法に奪わる」と言って、祖師と言えば日蓮聖人ということになっています。

日蓮法華信仰者の傾向として、ややもすると、法華経や釈尊以上に日蓮聖人を信仰し崇拝する、ということがあります。本堂を祖師堂と呼ぶというのも、その表れでしょうか。宗派名を「日蓮宗」と宗祖の名前にするのにも、こうした祖師信仰が背景にあるのかもしれません。

祖師堂と言っても、もちろん、日蓮聖人だけがお祀りされているのではありません。日蓮聖人の御尊像の奥に、大曼荼羅《だいまんだら》御本尊《ごほんぞん》が奉安されている場合がほとんどです。ですから、祖師堂と呼んでいても、それがそのまま本堂ということになる寺院が大半です。

大きなお寺になると、本堂と祖師堂が別々にある場合があります。例えば、日蓮宗の総本山である身延山久遠寺《みのぶさんくおんじ》には、大本堂と祖師堂が並んで聳《そび》えています。

三　葬儀をご縁として

Q.1 葬儀を行ってはいけない日があるのですか？

日蓮宗の教えの上で、葬儀を行ってはいけない日はありません。

俗に、友引の日に葬儀をすると、友が引かれるので縁起が悪いといわれています。「友引」とは、「大安」などと同様、その日の運勢を占う「六曜《ろくよう》」の一つで、本来は「共に引く」、すなわち、勝負事が引き分けになる日を意味します。ですから、友引に葬儀をしないというのは語呂合わせで、仏教の教えではありません。

けれども、友引に葬儀を行わないことは広く一般の習慣になっているので、火葬場が休業していることが多く、友引は葬儀を行いにくい日になっています。また、会葬者の感情なども考慮すれば、あえて友引に葬儀を行う必要はないかもしれません。

正月なども、松の内が明けてから（最短で四日以降）行うことが一般的です。
何はともあれ、葬儀の日程を決める際には、まずは菩提寺《ぼだいじ》にご相談ください。

Q.2 葬儀と告別式は違うのですか？

日蓮宗の葬儀は、故人の魂を安らかに霊山浄土《りょうぜんじょうど》（日蓮宗の教えでの仏さまの世界）へ旅立たせる厳粛な宗教儀式です。

僧侶が、お経を読み、引導を渡し、参列者が一同に故人の成仏を祈ります。

告別式とは、生前に故人とご縁があった人たちが、故人に最後の別れを告げる式典です。明治の哲学者中江兆民《なかえちょうみん》が亡くなった際、遺言によって葬儀が営まれなかったために、兆民の死を悼《いた》んだ人びとによって葬儀の代わりに無宗教で行われたのが最初であるといわれています。

近年は両者の区別が曖昧になってしまい、葬儀のことを告別式といったりすることがあるようですが、気をつけたいものです。

なお、現在は、「葬儀ならびに告別式」として、葬儀の後、出棺までの間に告別式を行うことが一般になっています。

Q.3 戒名とは何ですか？

一般に「戒名」と呼ばれているものを、日蓮宗では現在「法号・法名」と呼んでいます。仏さまの弟子としての名前という意味です。そもそも、仏弟子としての戒めを守って生きることを誓う儀式を受戒といい、受戒した証《あか》しの名前が戒名でした。

日蓮聖人は法号を大切にされ、多くのお弟子たちに授与されたことが伝えられています。ご両親に対しては、「妙日《みょうにち》」、「妙蓮《みょうれん》」の法号を授与されたといわれています。

現在では、亡くなった後、葬儀の場を受戒の場に見立てて法号を授けるのが普通になっています。こうして、日蓮聖人の教えの三つの柱（三大秘法）を円満具足《えんまんぐそく》させるのです。戒名は御本仏の子としての証しであり、子が親の跡を継ぐように私たちが仏になるための名前です。

また、比較的簡素であった法号が、近世以降、「院号」や「居士《こじ》・大姉《だいし》」号など、字数も増え、形式に留意するようになってきています。これは、格式が重んじられるようになったり、法号に名誉が反映されるようになったりといった歴史的な経緯をへて、お寺への貢献度や信仰の深さなどを鑑《かんが》みて授与されるようになっているからです。

なお、法号は授かるもので、自分で付けるものではありません。菩《ぼ》提寺《だいじ》に相談して、いただきましょう。

Q.4

日蓮宗で、弔辞や弔電に使わない言葉はありますか？

一般的に、「たびたび」、「くれぐれ」、「重ね重ね」などのことばは、不幸を繰り返すことを連想させるので、避けた方がよいとされています。

また、「浮かばれない」とか「迷う」などは、仏さまの世界へ赴かずに霊魂がさまよう様子を表しますから、避けるべきです。

日蓮宗では、死後に霊魂が行き着く仏さまの世界のことを「霊山《りょうぜん》浄土《じょうど》」といい、「霊山浄土へ旅立つ」というような表現を用います。

ですから、「天国」、「黄泉《よみ》の国」、「（西方）極楽（浄土）」など、他宗教や他宗派の死後の世界を示すことばは避けるべきでしょう。

また日蓮宗は、「法華経」・「お題目（南無妙法蓮華経）」を信仰している宗派ですので、「アーメン」、「南無阿弥陀仏」などの他宗教や他宗派の祈りに使うことばも使わないでください。

一番肝心なことは、弔辞や弔電には、亡くなられた方、遺族の方々の気持ちを察してことばを選ぶことです。

Q.5 御霊前と御仏前に違いがあるのですか？

七七日忌（四十九日忌）を境にして、それ以前は「御霊前」、それ以降は「御仏前」と使い分けるのが一般的なようです。七七日忌のときに仏さまに成る、という考え方から生まれた習慣ですが、地域や宗派によって違いもあります。

「御香典」、「御香奠《ごこうでん》」、「御香料」、「御香資」など、香という字がつく表書きは、宗派の違いや、七七日忌の前後をあまり問いません。これは、お香をお供えする代わり、という意味になるからです。仏さまになる前であっても、仏さまになってからでも、お焼香をしたり、お線香を立てることは変わらないためです。

また、熨斗袋《のしぶくろ》の表書きを書く際には、薄墨を用いる方もいます。

涙で墨が薄まってしまった（諸説あります）、という意味で、悼《いた》む心を表します。

なお、香典袋には、新札は入れないのがマナーとされています。あらかじめ不幸のあることを考えて仕度していた、という意味になるとされるからです。新札しか持ち合わせがないときには軽く折り目をつけてから入れるのがよいとされます。

Q.6 僧侶へのお礼の表書きは何を書いたらよいですか？

「御布施」と書いてください。

葬儀、法事、祈願、その他、どのような場合でも、「御布施」で大丈夫です。

大乗仏教には、六波羅蜜《ろくはらみつ》という修行があります。六つの波羅蜜（完成）を目指して修行するのですが、その第一が布施です。

布施とは、貪《むさぼ》りを離れ慈悲の心で他に与えることで、「喜捨《きしゃ》」ともいいます。

「法施《ほうせ》」（法を説き、教えを施す）、「財施《ざいせ》」（金品を施す）、「無畏施《むいせ》」（ひとに安心を与え、厄難から救う）の「三施」が布施の基本とされます。

僧侶へのお礼は、この「財施」に当たるのです。

また、お布施は個人に対してのものではなく、僧侶を通してお寺のご宝前・ご本尊にお供えするものであることを忘れずにいてください。

Q.7 仏事でお経を読むのは、どのような意味があるのですか？

仏教の聖典は厖大な量にのぼりますが、大別すると経《きょう》・律《りつ》・論《ろん》の三蔵《さんぞう》になります。

「経」は、法華経とか般若経などの「経」のことで、サンスクリット語では「スートラ」といいます。織物は縦糸と横糸とからできていますが、スートラはその「縦糸」のこと。仏教という織物を貫く基本です。

仏教では、お釈迦さまご自身が説いたとされる教えを記したものを経といいます（例外的に、お釈迦さまの高徳な弟子のものでも経と呼ぶ場合もあります）。

お釈迦さまの説かれた教えといっても、お釈迦さまが直に筆を執ってお書きになったものはありません。お釈迦さまがお説きになった教えを聞いたままに述べるという立場で説かれたのが「経」です。ですから、「経」は一般に「如是我聞（かくの如く我聞けり）」のことばで始まります。

法華経には、五種法師《ごしゅほっし》という修行が説かれています。その第二に読経《どきょう》（お経本を読みながら唱える）、第三に誦経《ずきょう》（経文を暗唱する）を上げています。

つまり、お経を読むということは、お釈迦さまの教えを理解し、伝え、護ることになり、とても功徳があるとされることなので、修行、供養、祈願などのために、折に触れてお経を読むのです。

Q.8 数珠はどのように持てばよいのですか？

巻末資料「数珠の持ち方」（一四〇頁）をご覧ください。日蓮宗では、檀信徒の方は、図1のような菊房《きくぶさ》（玉状の房）のついた数珠を使います。なるべく図2のような略式の数珠は用いないようにしましょう。

数珠の持ち方には二通りあります。

①二環《わ》にし、房を下にして、左手の親指と人差し指の間にかける（図3）。

②環の途中でひとひねりして（綾《あや》と呼びます）、両手の中指のなかほどより上に掛ける（図4）。

いずれも房は手のひらの外側に垂《た》らします。両手で持つときは、房が二つの方を右手で、三つの方を左手に掛けます。

法要中は、基本的に①（図3）のように持ちますが、お題目を唱える時などは②（図4）のように綾にして持ちます（勧請《かんじょう》・唱題《しょうだい》・回向《えこう》・四誓《しせい》〔玄題三唱《げんだいさんしょう》まで〕）。

よく、擦って音を立てる方がいますが、日蓮宗では行いません。

Q.9 お焼香はどのようにすればよいのですか？

お焼香は、宗派によって仕方や回数に違いがありますが、日蓮宗では次のように行います。

①ご本尊に向かって一礼する。
②お香を一回だけつまんで香炉で焚《た》く。
③合掌し、「南無妙法蓮華経」と唱え、礼拝《らいはい》する。
④一礼して下がる。

お焼香をするときは、親指と人差し指で香をつまみ（他の三指は揃えて伸ばす）、その手を仰向《あおむ》けて左手をそえて恭々《うやうや》しく戴《いただ》いて念じた後に香炉で焚きます。

日蓮宗では、法要の導師は三回、それ以外の方は一回とされています。

三回焚くのは「一、悪魔を払うと念じ、二、仏祖の影現《ようげん》を念じ、三、諸天善神の擁護を念ず」との意味による、あるいは、仏・法・僧の三宝に供養する意である、などといわれています。

Q.10 お線香はどのようにお供えしたらよいのですか？

仏さまを供養するために香を焚《た》くのは、インド仏教以来のことですが、棒状の線香が用いられるようになったのは、日本では江戸時代からのようです。

『近世世事談《きんせいせじだん》』という書物に、寛文《かんぶん》年間に中国から伝えられて、長崎で初めて作られた、という記事があります。

線香に点火する際には、まずロウソクに火を灯《とも》し、その火で線香に火を点けます。香炉に立てるときには、中央に真っ直ぐに立てるように心掛けましょう。

二本、三本と立てる場合がないわけではありませんが、原則は一本を真ん中に、とお考えください。

蓋付の香炉には線香の火がついている方を左にして横たえます。

線香に点火した際に炎が上がったときには、手や小さな団扇であおいで消します。吹き消してはいけません。私たちの息には、どうしても生臭さがありますので、神聖な仏さまへの供物に息を吹きかけることは不作法として忌《い》まれてきたのです。

そのほか、香炉の灰は常に綺麗にして、古い香の燃え残りなどを残しておかないように気をつけましょう。

コラム③　「行ッテ」――菩薩行とは

東日本大震災の後、被災地を回り、その後、宮沢賢治が生まれ、活動した、岩手県花巻市を訪ねました。

北上川の辺にたつ、高村光太郎が書いた「雨ニモマケズ」碑の前では、深く法華経を信仰し実践した宮沢賢治の心をもっともよく表した詩を読み、心がふるえたものです。そこで、

東ニ病気ノコドモアレバ行ッテ看病シテヤリ／西ニツカレタ母アレバ行ッテソノ稲ノ束ヲ負ヒ／南ニ死ニサウナ人アレバ行ッテコハガラナクテモイヽトイヒ……

と記された詩の「行ッテ」という言葉に心を動かされて、大震災の被災地に駆けつけた人がいたことを耳にしました。

この「行ッテ」という一語は、法華経が説く菩薩行、すなわち、自分をかえりみることなく他の人のために尽くすという教えの心をもっとも分かりやすく、私たちに示していると思われます。

このごろ、アメリカや東南アジアの仏教徒は社会活動、社会参加（ソーシャル・エンゲージド・ブディズム）を重んじています。宮沢賢治の「雨ニモマケズ」は社会参加仏教の先駆けといえるのではないでしょうか。

お釈迦さまの「慈悲」の精神を、私たちは「行ッテ」ということばで受け止め、実行したいものです。

四　法事・お盆を迎えて

Q.1 お墓には、どのようなときにお参りすればよいのですか？

思い立ったが吉日。いつでも、何度でもお参りしてください。

お盆やお彼岸、年末年始、故人の祥月命日《しょうつきめいにち》や月命日などは、とくにお墓参りをするに相応しい日とされています。

お墓は亡くなった方々と私たちとをつなぐ大切なものです。お墓参りをすることは、ご先祖や今はなき家族と対話しに行くことでもありますから、自《みずか》らの来し方行く末を考え、自己を見つめ直す機会にもなることでしょう。

また、自分一人でするだけではなく、ご先祖への感謝、供養の大切さを伝えるためにも、家族・親族が誘い合ってお参りしてください。

菩提寺《ぼだいじ》の近くにお墓がある場合は、お墓参りの前に、お寺へあいさつをし、お寺の本堂へお参りしましょう。

そして、まずはお墓の掃除。生花・菓子・果物などの供物と線香をお供えしてから、数珠を持って墓前で手を合わせます。「南無妙法蓮華経」とお題目をお唱えして、故人やご先祖のおかげで今の自分たちがあるという感謝を込めて冥福を祈りましょう。

近年は、お参りの後はお供物の持ち帰りをお願いしているところも多いようですので、気をつけましょう。

なお、墓参は午前中がよいとか、「ついで参り」はいけない、ともいわれていますが、お参りしないよりはする方がよいのですから、気にし過ぎない方がよいのではないでしょうか。

Q.2 年忌は亡くなった何年後に行うのですか？

年忌法要は、故人が亡くなった日と同月同日の「祥月命日《しょうつきめいにち》」に合わせて行います（実際には、菩提寺《ぼだいじ》と相談しながら、少し前の週末に営むことがほとんどです）。

亡くなった翌年が一周忌となりますが、一周忌の次の年は第三回忌となることに注意してください。これは、亡くなった年を一年目と数えるからです。その後は亡くなってから満六年が第七回忌となり、以降、十三回忌、十七回忌、二十三回忌、二十七回忌、三十三回忌、三十七回忌、五十回忌と続きます。さらにその後は「遠忌《おんき》」として五十年ごとになります。

二十五回忌、三十回忌、四十三回忌、四十七回忌、七十回忌なども、地域によっては行うようです。

同じ年の中で複数の方の年忌法要が重なる場合には、一緒にご供養することもあります。

年忌法要には、家族や親族が揃って参加することが大切です。

また、年忌法要以外に毎年の祥月命日や毎月の月命日にも、お墓参りや自宅の仏壇でのご供養を心掛けたいものです。

Q.3
お位牌について教えてください。

お位牌とは、死者の霊を祀るために法号（戒名）などを記した木牌のことです。

さまざまな形のものがありますが、仏教徒の用いるものには、下部に蓮台を付けるのが通例です。

中国の後漢の時代に、儒教で、人の死後、生前の官位や姓名を記した板に神霊を託していたことが起源となり、それが仏教でも用いられるようになったのであろう、ともいわれています。

亡くなってから七七日忌（満中陰）までは、白木の仮のお位牌を祀り、その後は本位牌に取り替えます。七七日忌法要の際に開眼《かいげん》（魂《たま》移《うつ》し）をしてもらえるように、仕度しましょう。

お位牌の数が増えて仏壇の中に納まらないときには、繰り出し位牌にまとめたり、先祖代々の位牌に合祀《ごうし》したりします。繰り出し位牌は、法号を書く札板《ふだいた》が複数入れられるようになっており、命日となった方の札板を前の方に繰り出して用います。

いずれにしても、開眼やお焚《た》き上げが必要ですから、菩提寺《ぼだいじ》にご相談ください。

もちろん、お位牌を納めた仏壇には毎日合掌し、お題目をお唱えすることが何より大切です。

Q.4 お経は私たちも読んでよいのですか？

法華経の法師品《ほっしほん》という章には、五種法師《ごしゅほっし》と呼ばれる修行が説かれています。

一、受持《じゅじ》……経を信じ持つこと。
二、読《どく》……経文を見ながら声を出して読む。
三、誦《じゅ》……経文を諳誦すること。暗記して唱えること。
四、解説《げせつ》……経を理解して解説すること。
五、書写《しょしゃ》……経文を書き写すこと。

このように、お経を読むということは、大切な修行ですので、どうぞ大いに読んでください。日蓮聖人も、「力があるのであれば、一文一句であっても語りなさい」と仰っておられます。

方便品《ほうべんぽん》（十如是《じゅうにょぜ》まで）や如来寿量品《にょらいじゅりょうほん》の偈頌《げじゅ》（「自我偈《じがげ》」一四四～一四六頁参照）、如来神力品《にょらいじんりきほん》の偈頌《げじゅ》など、法華経のエッセンスといわれる部分からお読みになるのがよいでしょう。

ただし、お経の読み方には、独特のリズムがあります。独学するのではなく、菩提寺《ぼだいじ》の信行会《しんぎょうかい》などに参加して、耳から覚えることをお勧めします。

Q.5 数珠《じゅず》を持ってお参りするのは、どうしてですか？

数珠は念珠ともいい、誦数、誦珠などとも書きます。文字通り、数の珠《たま》を意味し、陀羅尼《だらに》（呪文）を唱える際、数を数えるために用いられました。

東大寺の正倉院御物《ぎょぶつ》の中に、琥珀《こはく》や水晶の数珠が残されており、奈良時代には使われていたことが知られます。

数珠を用いる功徳は、さまざまな経典に示されています。数珠を持って精神を集中すると教えを理解することができる、とか、身を清めて罪障《ざいしょう》を除く、などとされます。

数珠の珠の数もいろいろに説かれますが、基本は一〇八です。材質もまた種々に説示されており、現代でも、水晶、翡翠《ひすい》、虎目《とらめ》

います。石《いし》、黒檀《こくたん》、菩提樹《ぼだいじゅ》、伽羅《きゃら》、白檀《びゃくだん》など、さまざまなものが用いられて

日蓮聖人の遺品とされる数珠が残されており、それを基として改良が加えられ、現在の日蓮宗で用いられる数珠の形になりました（一四〇頁図1参照）。

数珠は、宗派によって、思いのほか形状が異なるものです。ぜひ、日蓮宗用の数珠をお備えください。

Q.6 御布施《おふせ》はどのようにお渡ししたらよいのですか?

前章のQ6に記しましたように、仏教には、六波羅蜜《ろくはらみつ》と呼ばれる修行があります。六つの波羅蜜(完成)の最初に挙げられるのが布施であり、仏教の修行の入り口であるといえます。

布施とは、貪《むさぼ》りの欲を離れて、自《みず》らが喜んで捨てる、という意味であり、「喜捨《きしゃ》」ともいわれます。

布施は、教えを説き法を施す「法施《ほうせ》」、金品や財物を施す「財施《ざいせ》」、他者に安心を与え、厄難《やくなん》から救う「無畏施《むいせ》」の「三施」が基本とされます。

僧侶にお渡しになる御布施は、この「財施」に当たります。決して、読経《どきょう》などへの対価として支払うものではないことを心得てください。

お布施をお渡しする際は、熨斗袋《のしぶくろ》、白封筒、もしくは半紙に包み、上部に「御布施」あるいは「志《こころざし》」などと書き、下部にはご自身の氏名を記入し、お供え物などがある場合は一緒にお渡しします。

一般には、法事、葬儀などの前にお渡しするものとされていますが、葬儀の翌日に菩提寺《ぼだいじ》を訪れてお渡しするという風習が残されている地域もあるようです。

Q.7 お盆を迎えるためにどんな準備をすればよいのですか？

お盆は正式には盂蘭盆会《うらぼんえ》といいます。

先祖の霊を迎え追善供養《ついぜんくよう》をする期間であり、もともとは、七月の十三日から十五日または十六日までとされていましたが、地域によって、新暦、月遅れ、旧暦、晦日盆《みそかぼん》など、さまざまな時期に行われます。

お盆を迎えるには、まず、お墓や仏壇をきれいに清掃しましょう。

そして、ふだんは仏壇にお祀りしているお位牌などを移して、供養する壇である精霊棚《しょうりょうだな》をつくります。

精霊棚は仏壇とは別に作るものですが、近年は、仏壇を用いて飾り付けることも多いようです。

壇上には、真菰《まこも》などを敷いて、ロウソク、お花、茶湯、霊膳などのほか、胡瓜の馬と茄子の牛、水の子（茄子や胡瓜をさいの目に刻んで洗米と混ぜたもの）などを置き、水を入れた器にミソハギの枝を添えて置きます。

ほかにも、団子、素麺、野菜や果物、菓子などもお供えします。

また、四方に縄を張り、五色の幡《はた》や鬼灯《ほおずき》などを吊り下げます。

軒には、灯籠《とうろう》や提灯《ちょうちん》を吊るのですが、精霊棚の前に置くタイプの盆提灯を用いることの方が多くなっています。

もちろん、ご本尊をご奉掲することもお忘れなく。（一四一頁参照）

Q.8 お盆にはご先祖がかえってくるのですか？

お盆には、ご先祖の霊がかえってくるといわれています。十三日の夕方に「迎え火」を焚《た》いて先祖の霊を迎え、十五日または十六日の夕方に「送り火」を焚いて先祖の霊を送ります。

精霊棚《しょうりょうだな》に胡瓜の馬と茄子の牛を供えますが、迎えは馬で急いで、送りは牛でゆっくりと、という意味だそうです。

かつては、迎え火を墓前で焚いて、その火を仏壇まで持ち帰っていたといわれていますが、墓地と家との距離が遠くなるなどの生活環境の変化から、家の前で迎え火を焚き、提灯《ちょうちん》を門口に下げるようになりました。

送り火は家の前で焚きます。その大がかりなものが、有名な京都の「五山の送り火」です。

最近は住宅事情などのために、精霊棚の前に灯籠《とうろう》や提灯を飾る家庭が多いようです。

お寺の境内や町の広場などで行われる盆踊りは、かえってきた精霊を供養するものです。中央の櫓《やぐら》は精霊棚、提灯は灯籠をあらわしています。地域によって、独自の口説き（文句）、衣装、踊りなどが引き継がれています。

Q.9 お盆には仏前に提灯《ちょうちん》や灯籠《とうろう》を置いた方がよいのですか？

お盆には、お墓の前で迎え火を焚《た》き、その灯《ともしび》を提灯に入れて自宅までご先祖とともに帰る、という習慣がありました。ご先祖は灯火を目印に戻ってくるといわれています。

自宅ではロウソク、提灯、灯籠などに明かりを灯《とも》して、お盆の期間をご先祖とともに過ごし、お盆が終わると送り火を焚いてご先祖を送るというように、灯はお盆のしきたりの要《かなめ》なのです。

提灯を玄関先に吊したり、お墓を提灯や灯籠で飾る地域もあります。広島の墓地に飾る盆灯籠などは有名です。

新盆《にいぼん》（新盆《しんぼん》・初盆《はつぼん》ともいう）の際には、例年のお盆とは違った供養をすることが多いのですが、家庭で白の提灯や灯籠を使ったり、ふだんの年にはしていなくても新盆のときにはお墓に提灯飾りをするなど、とくに提灯や灯籠で区別をしているところが多いようです。

親戚や故人と親しかった人が、新盆の家庭に提灯を贈る習慣のある地域もあります。

地域ごとの習慣がありますので、とくに新盆の際には菩提寺にご相談ください。

コラム④　いのちに合掌

法華経の常不軽菩薩品《じょうふきょうぼさっぽん》第二十には、人びとを礼拝《らいはい》し続けた常不軽菩薩のことが説かれています。この菩薩は、お経を読んだり、瞑想をしたりするのではなく、ひたすら道行く人びとに「私はあなたがたを深く敬います。あなたがたは必ず仏になるからです」と合掌しました。

常不軽菩薩に礼拝された人たちの中には、悪口を言い、棒で打ち、石を投げつける人もいました。しかし、それでも常不軽菩薩は、決して怒ることなく、さらに強く「あなたは仏になる人です」と合掌礼拝を続けたのでした。

この世に生きている人たちは、すべて仏の子であり、私たち一人ひとりの中には、仏さまが生きています。私たちは、仏さまのいのちを生きているのです。常不軽菩薩の礼拝が教えているのは、このことです。

すべての生きとし生けるものには「いのち」があります。この「いのち」を「仏さまのいのちを継いできたもの」と受け止めて、「ありがたい」と敬いと感謝の心を込めて手を合わせることが「合掌」です。

日蓮宗では、令和三年の日蓮聖人御降誕八〇〇年までを目途として、「いのちに合掌」をスローガンとして「立正安国《りっしょうあんこく》・お題目結縁《けちえん》運動」を展開しています。この運動が終わるころには、合掌のこころが全国に広がっていることを願っております。

五　檀信徒としての心得

Q.1 ご本尊《ほんぞん》をお受けしたら、何をしたらよいのですか？

ご本尊は仏具屋で買い求めるものではありません。市販されているものには、問題のあるものもありますので、菩提寺《ぼだいじ》にご相談ください。開眼《かいげん》したご本尊を授与してくださいます。開眼というのは、ご本尊に魂を招き入れることです。

ご本尊をお受けしたら、大曼荼羅ご本尊を仏壇の中央最上部に掲げて奉安します。ご本尊の前に日蓮聖人のお像を安置する場合も、菩提寺に開眼していただいてください。

各家のご先祖のお位牌は、ご本尊よりも下の段、もしくはご本尊の脇に置きます。

この他、仏壇には、ご供養を捧げるための香炉《こうろ》、花瓶《かびん》、燭台《しょくだい》を配置しましょう。

ご本尊を奉安した後は、日々の給仕が肝要です。お膳やお茶、お水などを毎朝お供えし、ロウソクのお灯明とお線香を捧げます。

そして、何より大切なことは、ご本尊に向かって「南無妙法蓮華経」のお題目を唱えることです。

毎日、心を整えてご本尊にお題目を唱え、ご本尊への感謝の祈りとともに、家内の安穏などの祈願をしましょう。

また、ご先祖には、法号（戒名）を読み上げ、お題目の功徳を手向《たむ》けることが尊い供養となります。（第五章Q6および一四二頁参照）

Q.2 仏壇を置く場所がありません。どうしたらよいのですか？

仏壇の壇とは、一段高く設けた場所という意味で、インドでは土を盛り上げて造った祭壇でした。仏教が中国や日本に伝わってから、多くは木で造られるようになり、現在では専《もっぱ》ら、各家庭でご本尊やお位牌を安置する厨子《ずし》または宮殿《くうでん》型のものを指しています。

住宅事情や生活様式の変化により、従来型の仏壇を安置することが難しい場合が増えてきていますが、仏壇はこころの拠りどころ、何とか工夫をしたいものです。

仏壇を位牌壇と勘違いしている人がいますが、仏壇は本尊壇です。大切なことは、仏壇にご本尊を奉安し、ご本尊への祈りを通じてご先祖（位牌）を供養し、家族みながご本尊に護られながら、お題目の心を大切に生活することです。

箪笥《たんす》の上に置けるような小さな仏壇もありますし、最近ではさまざまデザインの仏壇が考案され、洋室にフィットするものもあるようです。

日蓮宗でも、昨今の住宅環境にあった、宝石箱調の「結縁《けちえん》の御本尊」をご用意しています。菩提寺《ぼだいじ》にご相談ください。

結縁の御本尊

縦型
閉扉時寸法：
高さ24.5cm×幅14cm×
奥行5.5cm

横型
閉扉時寸法：
奥行18cm×幅23cm×
高さ9cm

Q.3 ご本尊《ほんぞん》の御曼荼羅《おまんだら》はどのような形式ですか？

日蓮宗のご本尊である大曼荼羅《だいまんだら》は、日蓮聖人がお釈迦さまの救済の世界を一幅《いっぷく》の紙面に顕わされたものです。

日蓮聖人はそのご生涯の中で多くの大曼荼羅を書かれ、弟子や檀《だん》越《のっ》の人びとに授与されました。それらは、一枚の紙に書き顕わされたものから、紙を何枚もつぎたして大きくして書かれたものまで、大小さまざま百二十余幅が現存しています。

日蓮聖人の大曼荼羅ご本尊の特徴は、絵図ではなく文字で書き顕わされていることです。

一般に曼荼羅というと、たくさんの仏さまのすがたが描かれた密教の曼荼羅を思い浮かべますが、日蓮聖人は、すべて文字で書かれました。

中央には「南無妙法蓮華経」の七文字が「ひげ題目」とも呼ばれる独特の筆致《ひっち》で大書され、その両脇の上段には、教主であるお釈迦さま（左）と、法華経が真実であることを証明された多宝如来《たほうにょらい》（右）が記されます。さらに、地涌《じゆ》の菩薩と呼ばれる、上行《じょうぎょう》・無辺行《むへんぎょう》・浄《じょう》行《ぎょう》・安立行《あんりゅうぎょう》の四菩薩や、多くの仏弟子や守護神などが配されています。

大曼荼羅御本尊
（比企谷妙本寺所蔵
「臨滅度時御本尊」）

Q.4 ふだんは、どのようなお経を読めばよいのですか？

檀信徒の方は、まず「南無妙法蓮華経」のお題目を唱えていただくことが肝心です。

さらに、お経を読んで修行を進めたいとお考えであれば、「妙法蓮華経」を読んでください。その中でも第二章の方便品《ほうべんぽん》、第十六章の如来寿量品《にょらいじゅりょうほん》、第二十一章の如来神力品《にょらいじんりきほん》（これらを「三品経《さんぼんきょう》」と呼ぶこともあります）をお読みになるとよいでしょう。

法要やご葬儀でもこの部分を読むことが多いのです。

とくに如来寿量品は法華経の中心であり、その中の「自我偈《じがげ》」（一四四～一四六頁参照）とか「久遠偈《くおんげ》」と呼ばれる部分を、日蓮宗では最も大切にしています。

日常のお勤めの際に、お題目とともにお経を読むとするのであれば、まずはこの「自我偈」を読みましょう。

お経の読み方には、第四章Q４にも記しましたように、独特のリズムなどがあります。

仮名が振ってあるお経本も市販されていますので、漢字の読み方は知ることができますが、音を伸ばすところや詰めるところ、特殊な読み方をするところなどは、地域性もあり、耳から覚えることが大切です。

菩提寺《ぼだいじ》を訪ねて、お経の読み方を習うのもよいですね。

Q.5 仏壇ではどの順番でお経を読めばよいのですか？

朝夕のお勤めでは、お題目をお唱えください。

いっそうのご修行として、ということでしたら、次のような順番で読んでいただければよいでしょう。

一、勧請《かんじょう》（仏さまをお招きし、お勤めの趣旨を申し上げます）

一、開経偈《かいきょうげ》（法華経の功徳を讃えます。一四三頁参照）

一、法華経方便品《ほうべんぽん》（すべての衆生《しゅじょう》が成仏することを教えます）

一、法華経如来寿量品《にょらいじゅりょうほん》（ご本仏の永遠の生命を説きます）

一、ご妙判《みょうはん》（日蓮聖人の御遺文の一節）

一、唱題《しょうだい》（「南無妙法蓮華経」をお唱えします）

一、法華経見宝塔品偈《けんほうとうほんげ》（法華経修行者の功徳を説きます）

一、回向（祈願、感謝などのことばをのべ、お勤めをした功徳を仏さまに差し向けます）

右のうち、法華経と書いていないものは、実は、経文ではありません。みなさんが「お経」と呼んでいるものの中には、「経」ではないものも含まれているのです。

方便品は「十如是《じゅうにょぜ》」と呼ばれる部分まで、如来寿量品は「自我偈《じがげ》」と呼ばれる部分を読みます。

右は基本例であり、適宜増減していただいて結構なのですが、その場合にも作法があります。菩提寺《ぼだいじ》に尋ねてください。

Q.6 自宅で使う仏具にはどのようなものがありますか？

仏具にはさまざまなものがありますが、仏壇で用いる仏具のうち、基本となるのは香炉《こうろ》・燭台《しょくだい》・華瓶《けびょう》（花瓶《かびん》）です。

これら三つの配置の仕方には、それぞれが一つずつの「三具足《みつぐそく》」と、燭台・華瓶を一対ずつとする「五具足《ごぐそく》」があります。

三具足は仏壇に向かって右に燭台を置き、中心に香炉、左に華瓶を置きます。

五具足では香炉を中心に置いて、その外側左右に燭台と華瓶を一対ずつ置きます。

五具足の方が正式ですが、ご家庭の仏壇であれば三具足でもよろしいでしょう。

その他に、一般家庭で用いられる仏具として、主に次のようなものがあります。数珠、仏飯器《ぶっぱんき》（炊き立てのご飯を供える器）、茶湯器《ちゃとうき》（お茶や水を入れる器）、高坏《たかつき》（半紙を敷いて菓子や果物を供える器）、霊供《れいく》膳《ぜん》（仏壇に供える小型の本膳）、灯籠《とうろう》、線香差し、打敷《うちしき》、鈴《りん》、経机《きょうづくえ》、そして日蓮宗独自の木鉦《もくしょう》と団扇太鼓《うちわだいこ》などです。

また、位牌と過去帳霊簿《れいぼ》は仏具ではありませんが、ご先祖の霊を祀る大切なものです。

いずれの仏具も、仏さまを供養し、荘厳《しょうごん》するためのものです。丁寧に扱い、埃をかぶったまま使っていることのないように心掛けてください。（第五章Q１および一四二頁参照）

Q.7 仏前には、どのような花をお供えしたらよいのですか？

供花《くげ》の種類にとくに決まりはありません。基本的には気持ちのこもった花であれば、どんな花でもよいのです。

ただし、花は、美しいものをご供養することによって仏さまの徳をたたえるとともに、私たちの心をなごませ、きよらかにする意味をもつものですから、できるだけ新鮮な美しい花を供えましょう。

また、いくら美しい花でも、棘《とげ》や毒気のある花や、香りの強すぎる花、椿など頭の大きな花は避けたほうがよいかもしれません。

一般に、菊は他の花より長く咲き続けることから、仏花に最適といわれています。

仏壇には故人が好きだった花を飾るのもよいでしょう。

常に新鮮な状態を保つのは難しいことですが、こまめに水を取り替えて花を枯らさないように心掛けましょう。

お花の飾り方としては、日蓮宗では、花を私たちの方に向けて、ご本尊を荘厳《しょうごん》するかたちにする「向下相《こうげそう》」を用いることを基本としています。

なお、樒《しきみ》といって、神道での榊《さかき》のように仏教で用いる常緑樹があります。日蓮宗では、これをお墓のお供えなどに用いるところもあり、墓参者用に支度してあるお寺も多いようです。

花をお供えしたご本尊やお墓を清々しい気持ちで拝することが一番大切です。花は私たちの心を映しているのです。

Q.8

朝食はパンなのですが、お仏飯《ぶっぱん》はどうしたらよいのですか？

お仏飯とは、朝一番に仏さまにお供えするお膳、とくにご飯のことをいいます。

仏具の中でも、ご飯を盛りつける専用の「仏飯器《ぶっぱんき》」があるほどです。ご飯を炊いたときには、最初のご飯をお供えするようにしましょう。

最近では、「朝食にはパンを」という家庭も多いようです。ご家庭がパン食であるのならば、お仏飯の代わりにパンをお供えしていただいてもさしつかえありません。

故人の生前好物だったものを別に一品お供えするのもよいでしょう。

何はともあれ、真心を込めて給仕するという姿勢が大切です。形に捉われすぎず、仏さまやご先祖とともに生活しているという気持ちを持ち、毎日、家族そろって仏さまに手を合わせましょう。

なお、お供えの仕方には、地域やお寺によってさまざまな風習があり、細かい点ではいろいろな違いもありますので、菩提寺にお尋ねください。

コラム⑤　道に迷ったとき――一念三千の教え

「仏さまの教えは、広いショッピングモールの中で迷ったときの地図のようなもの」と、あるアメリカ人の僧侶が言いました。いかにもアメリカ人らしい現代的な表現ですね。

その地図には、争いの世界や殺し合う世界、反対に平和な世界などの場所とそこへの道すじが示されているのです。

もし、あなたが争いの世界にいるならば、あなたの心は貪りや怒りに満ちているはずです。そのままにしていると、相手を傷つけることも起こり、もっと恐ろしい世界があらわれるかもしれません。

しかし、仏さまの教えに耳をかたむけてあなたが穏やかになると、平和な世界が生まれます。

すべては自分の考え一つです。あなたの運命はあなたが作るのです。

もちろん、一人でつくるなどとうぬぼれてはいけません。多くの人びとともに築くのです。仏さまの教えは、あなたが迷ったときのための地図です。

このようにして、私たちは一人ひとりの心をあらためて、この世界を仏さまの世界に変えていくのです。

このことを日蓮聖人は「法華経を二人・三人・十人・百千万億人唱え伝うるほどならば、妙覚の須弥山《しゅみせん》ともなり、大涅槃《ねはん》の大海ともなるべし。仏になる道は此よりほかに又もとむる事なかれ。」(『撰時抄』)と示されています。

六　み教えをいただいて

Q.1 他宗の寺院や神社にお参りをしてもよいのですか？

実は、日蓮宗では、他の宗派の寺院や日蓮宗と関係のない神社への参詣を禁じてきた歴史があります。

中世ではとくに厳しく、他宗の寺院をお参りするだけで菩提寺《ぼだいじ》から叱責されたり破門されたりした例もありました。

ただ、他の寺社と関係をもたないことは困難ですので、そうした時代にあっても、実際の生活で困らないように、折り合いをつけられるような規定もありました。

例えば、知り合いの葬式や村の祭りで他宗の寺院や神社に行くことがあっても、宗教行為としてではなく「世間的なつきあい」や「公的な役目」などとしてであれば、容認されていたのです。

法華経の教えは開会《かいえ》といわれ、すべての教えを法華経に包含するものでもあります。

日蓮聖人も、法華経の守護神として天照大神《あまてらすおおみかみ》を大曼荼羅に勧請《かんじょう》していますし、立教開宗の際には、伊勢神宮を参拝されたとも伝えられています。

数多くの神社仏閣へ直接訪れ、心を養い、歴史を学ぶことは、人間性を高めるうえでも大切なことではないでしょうか。

Q.2

臓器提供はできますか？

仏教の基本的な教えとして、「智慧」と並んで「慈悲」が挙げられます。「慈」とは他者に利益《りやく》や安楽を与える（与楽《よらく》）こと、「悲」は他者の苦しみに同情しこれを救済しようとする（抜苦《ばっく》）思いやりをあらわします。

臓器提供が、自《みずか》らの意志によって行われるとするならば、この「慈悲心」にもかなう「利他（他の人びとに利益をもたらし救済しようとすること）」の行いと考えることができるでしょう。

しかし、脳死を人の死とするような考え方には大きな問題がありますし、善意によって臓器を提供する場合でも、自分の家族の心を傷つけてしまう可能性などに、十分な配慮が必要です。

・iPS細胞などの再生医療の研究が進み、宗教的・倫理的に問題がないような形で、こうした事案に解決策がもたらされることに期待するとともに、科学主義、合理主義が行き過ぎないように、気をつけていかなければならないと考えます。

Q.3 日蓮宗では写経をしますか？

行います。

第四章Q４に記しましたように、法華経には、五種法師《ごしゅほっし》という修行の仕方が説かれています。

五種とは、受持《じゅじ》・読《どく》・誦《じゅ》・解説《げせつ》、そして書写《しょしゃ》（写経《しゃきょう》）であり、この修行の功徳によって、眼《げん》・耳《に》・鼻《び》・舌《ぜつ》・身《しん》・意《い》の六根《ろっこん》が浄《きよ》らかになり（六根清浄《ろっこんしょうじょう》）、必ず成仏するとされています。

印刷技術が発達していなかった時代では、仏教を広め、学ぶためにも、写経は不可欠の修行でした。

わが国では、写経は、天武《てんむ》天皇の時代に始められたといわれています。その後、奈良時代の天平《てんぴょう》年間には、聖武《しょうむ》天皇の命により「法華経」の写経が全国で大々的に行われたほか、官立の写経所が設けられました。また、平安末期、平家一門がその繁栄を願って「法華経」を写経し、厳島《いつくしま》神社に奉納した「平家納経」はとくに有名です。

近年、写経は、自身の修行、あるいはご先祖への供養を目的として広まっています。日蓮宗の檀信徒としては、「自我偈《じがげ》」(一四四〜一四六頁参照)などの「法華経」の要文を写経しましょう。

ちなみに、よく写経されている「観音経《かんのんぎょう》」は「法華経」の「観世《かんぜ》音菩薩普門品第二十五《おんぼさつふもんぼん》」の一般的な呼び名です。

Q.4 日蓮宗ではお釈迦さまをどのように礼拝《らいはい》しますか？

お釈迦さまは仏教の開祖であり、お釈迦さまがさとりを開かれたことから仏教が始まったことは、よくご存じのことと思います。

お釈迦さまは、八十歳のときに涅槃《ねはん》に入られた（亡くなった）と伝えられていますが、法華経では、その歴史上のお釈迦さまは仮の姿であり、実は、永遠の昔にさとりを開かれ、久遠《くおん》の寿命をもっていると説きます。

この永遠のお釈迦さまを久遠実成《くおんじつじょう》の釈尊《しゃくそん》といいますが、日蓮宗では、法華経の説示にしたがって、この久遠のお釈迦さまを、すべての仏さまの根本の仏（本仏）として崇め、信仰の対象としています。

日蓮宗では、「南無妙法蓮華経」のお題目をお唱えすることが第一の修行となっていますが、日蓮聖人は、このお題目には、お釈迦さまが永遠の間になされてきた修行とその功徳のすべてが込められているとし、お題目を唱えて受持《じゅじ》することにより、その功徳が自然に譲り与えられる（成仏する）とお説きになっています。

また、久遠の本仏は私たちすべての主であり師であり親である、とお示しです。私たちはこのお釈迦さまを仰ぎ給仕し、その教えを継承していく志をもって礼拝するのです。

Q.5 お釈迦さま以外の仏さまを、どう考えていますか？

仏教経典には、さまざまな仏さまが説かれています。

浄土系経典の阿弥陀如来、密教系経典の大日如来、華厳経の毘盧《びる》遮那仏《しゃなぶつ》（奈良東大寺の大仏はこの仏さまです）、その他、薬師如来、弥勒《みろく》菩薩など、枚挙にいとまがないほどです。

さて、Q4に記しましたように、「法華経」では、永遠の昔にさとりを開かれ、久遠《くおん》の寿命をもち、すべての仏さまの根本の仏（本仏）である久遠のお釈迦さまを説いています。

つまり、法華経に説かれる久遠のお釈迦さまは、すべての仏さまの基となっている仏さまであるということになります。

逆にいえば、仏教の経典に説かれているあらゆる仏さまは、法華経の立場からすると、法華経に説かれる久遠のお釈迦さまの分身《ふんじん》(仮の姿)である、ということになるわけです。

同時に、これらの仏さまがお説きになられたすべての教えは仮の教え(方便《ほうべん》)であり、すべての人が平等に成仏できる唯一の教え(一仏乗)である真実の教え「法華経」に導かれると、法華経には説かれています。

こうした法華経の教えを「開会《かいえ》」といいます。

Q.6 『立正安国論《りっしょうあんこくろん》』とはどのようなものですか？

日蓮聖人の代表的な著作です。文応《ぶんのう》元年（一二六〇）、日蓮聖人が三十九歳のときにお書きになりました。前執権《さきのしっけん》、北条時頼《ほうじょうときより》に奏上された「勘文《かんもん》」（上申書）です。正法《しょうぼう》（正しい教え）を建立することによって、国家を安寧に、一閻浮提《いちえんぶだい》（全世界）を仏国土にし、万民を安穏にすることを説いています。日蓮聖人がおられたころの鎌倉は、大地震、飢饉、疫病などが頻発し、民衆が大変に苦しんでいました。

このように、災害が続き、国が乱れ、人びとが苦しんでいる原因は、正しい教えである法華経に背《そむ》き、浄土教などの間違った教えに帰依《きえ》しているために、善い神さまが国を捨ててしまい、魔や鬼が起こり来たったからである、として、さまざまな経文を挙げて論証しています。

そして、このままでは、自界叛逆難《じかいほんぎゃくなん》（内乱）と他国侵逼難《たこくしんぴつなん》（外国からの侵略）の二難が起こるであろうと「予言」しました。

本書の主張は、時の幕府には受け入れられず、後の迫害の原因となりましたが、予言は、「北条時輔《ほうじょうときすけ》の乱」（内乱）と「蒙古襲来」（侵略）により現実となったとされています。

Q.7 ロウソクを灯《とも》すのは、どのような意味があるのですか？

古来、光は、仏さまの智慧や慈悲の象徴とされてきました。

仏教では、すべての迷いや煩悩《ぼんのう》の根源を無明《むみょう》といいます。「明るく無い」という名が、最もよくないものの名として用いられてきたわけです。

無明とは、要するに真理に暗いことです。つまり、さとりの対極であり、人びとの苦しみの根本原因になっているものが、無明です。無明を滅することができるのは、智慧の光、ということになります。

灯明の光によって暗黒の闇が解消されるように、仏の智慧のはたらきが、人びとの無明を照らし、救済する、ということから、仏さまには灯明を献じるのです。

法華経の如来神力品《にょらいじんりきほん》には、「日月の光明がさまざまな暗闇を除くことができるように、この人の世の行いは衆生の闇を滅する（如日《にょにち》月光明《がっこうみょう》　能除諸幽冥《のうじょしょゆうみょう》　斯人行世間《しにんぎょうせけん》　能滅衆生闇《のうめつしゅじょうあん》）」と説かれており、日蓮聖人は、この四句二十字をたいへん重要視されました。

Q.8

日蓮宗の檀家になるには、どうしたらよいのですか？

檀家というのは、特定のお寺に帰属し、布施などの経済的支援を行い（財施）、葬儀・法事を行ってもらう（法施）家や個人を意味します。

檀家の檀は、ダーナ、つまり布施という意味です。

ですから、菩提寺《ぼだいじ》のことを、檀那寺《だんなでら》などということもあります。

お墓や納骨堂を使うことが縁となって檀家になるのが一般であると思いますが、お墓がお寺の墓地とは別のところにあっても、檀家となることもあります。

いずれにしても、ご自身でよいと思われるお寺を選ばれて、そのお寺を訪ね、ご住職とよくご相談ください。

それぞれのお寺には、日蓮宗の規程に基づいた、お寺の規則や檀家の心得などがありますので、よく納得された上で檀家になられることをお勧めします。

もし、お住まいの地域の日蓮宗寺院に心当たりがない場合には、日蓮宗のＨＰに「日蓮宗全寺院マップ」(http://www.nichiren.or.jp/temple/map/)がありますので、こちらからお探しいただけます。

Q.9 なぜ、仏教にはいろいろな宗派があるのですか？

八万四千の法門、ということばがあります。

お釈迦さまが菩提樹《ぼだいじゅ》の下でさとりを開かれてから涅槃《ねはん》に入られるまでのあいだにお説きになった教えは、それだけの数になる、というのです。

また、対機説法《たいきせっぽう》、ということばがあります。

これは、お釈迦さまは、教えをきく人の能力や素質にふさわしい教えを説かれた、という意味です。

お釈迦さまが説かれた教えは「経」といわれます。法華経《ほけきょう》、涅槃経《ねはんぎょう》、般若経《はんにゃきょう》、華厳経《けごんぎょう》など、たくさんの経が伝えられました。

やがて、こうしたお経のうち、どのお経がお釈迦さまの真意を伝えているのか、ということについての議論がおこりました。

そして、このお経こそがお釈迦さまの本意を最もよく伝えている、と選んだお経に基づいて教えを説き、それに賛同する人たちが集まって、集団が形成されていきました。これが宗派となります。

宗というのは、経典の根本思想、ものごとの大本、信奉する教義という意味なのです。

さらに、かつては同じ宗派であった場合でも、そのお経に対する理解の相違などによって宗派が細分化されました。

日蓮聖人を祖と仰《あお》ぐ宗派がたくさんあるのは、こうした事情によります。

数珠の持ち方

図1

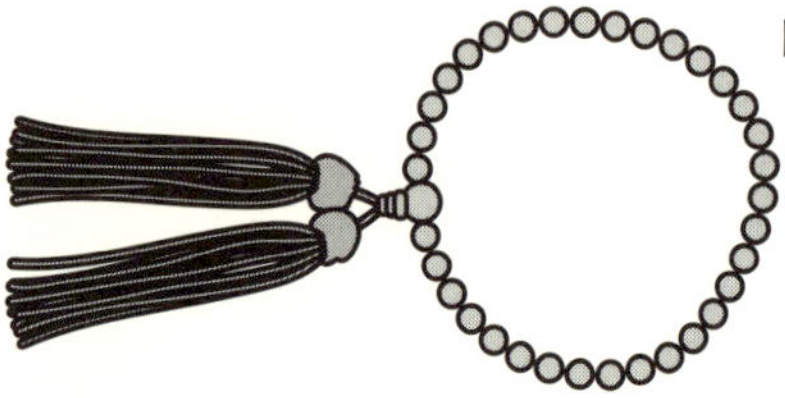

図2

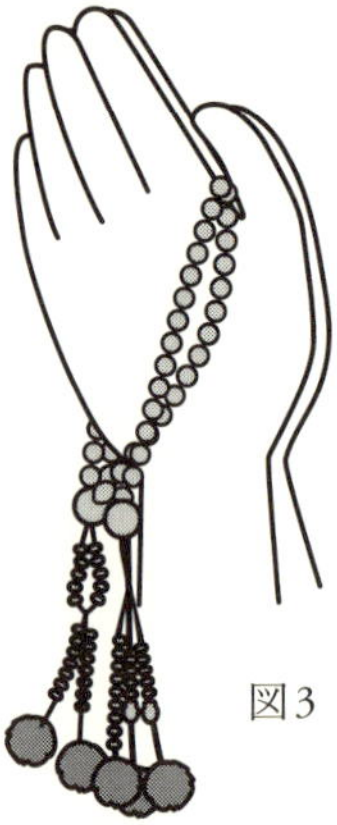

図3

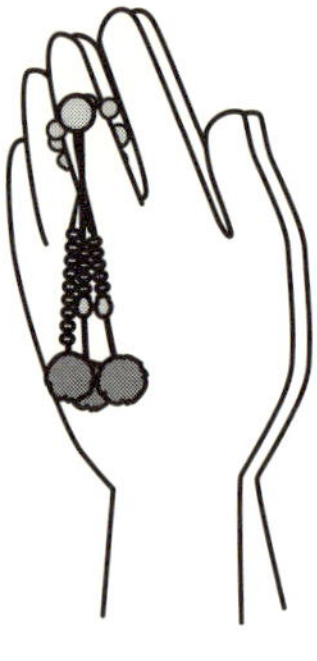

図4

イラスト：花色木綿

精霊棚

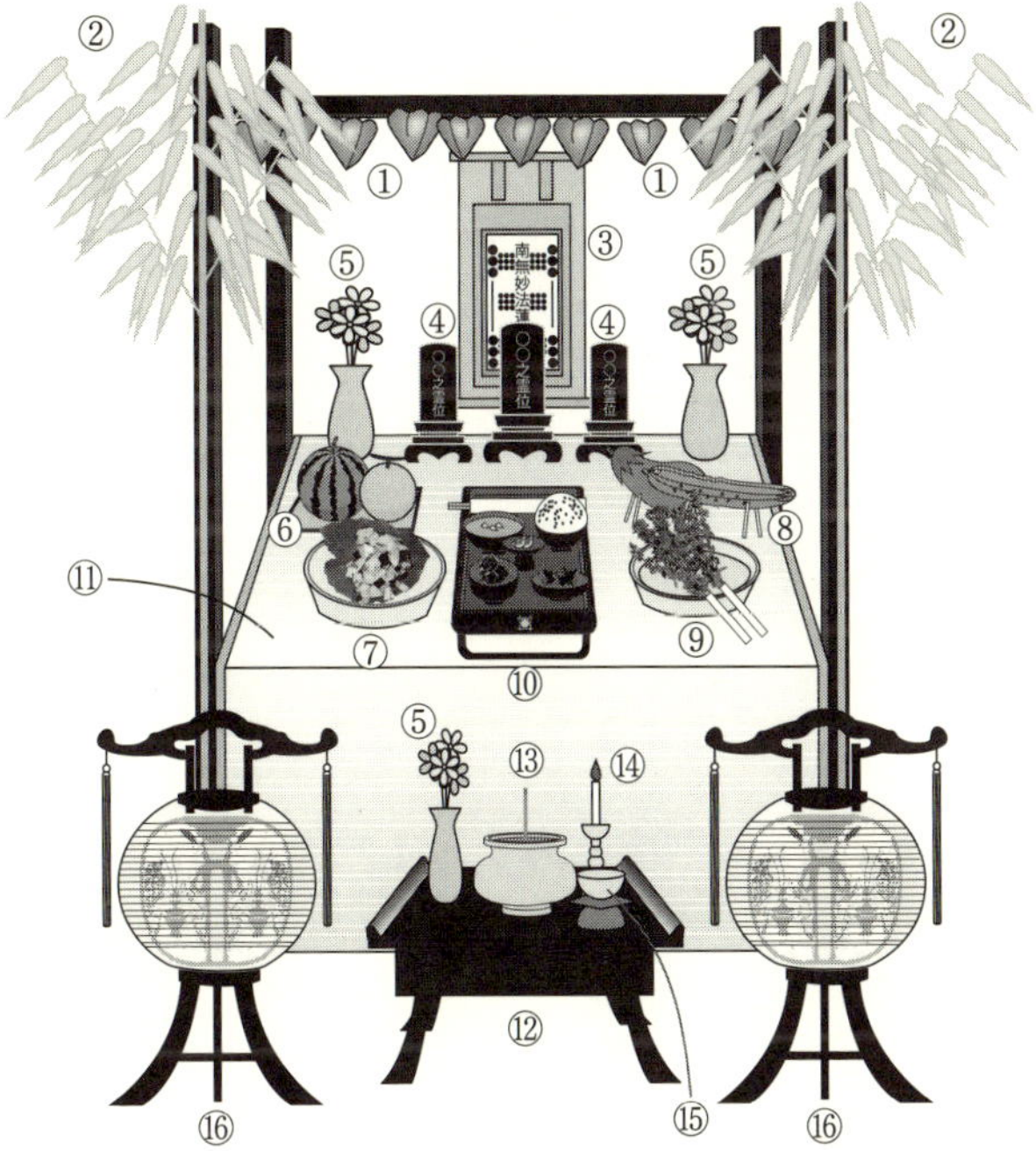

①鬼灯《ほおずき》　②青竹　③大曼荼羅ご本尊　④位牌　⑤花瓶《かびん》　⑥夏野菜や果物　⑦水の子（蓮の葉を器《うつわ》にし、ナスやキュウリをさいの目に刻んで洗米と混ぜる）　⑧ナスの牛とキュウリの馬　⑨ミソハギ（水を入れた器にミソハギの枝を添える）　⑩霊膳（位牌に向ける）　⑪真菰《まこも》か白布を敷く　⑫経机《きょうづくえ》　⑬香炉《こうろ》　⑭燭台《しょくだい》　⑮鈴《りん》（カネ）　⑯灯籠《とうろう》

※地域により祀り方が異なることがあります。詳しくは菩提寺のご住職にお尋ねください。

仏　壇

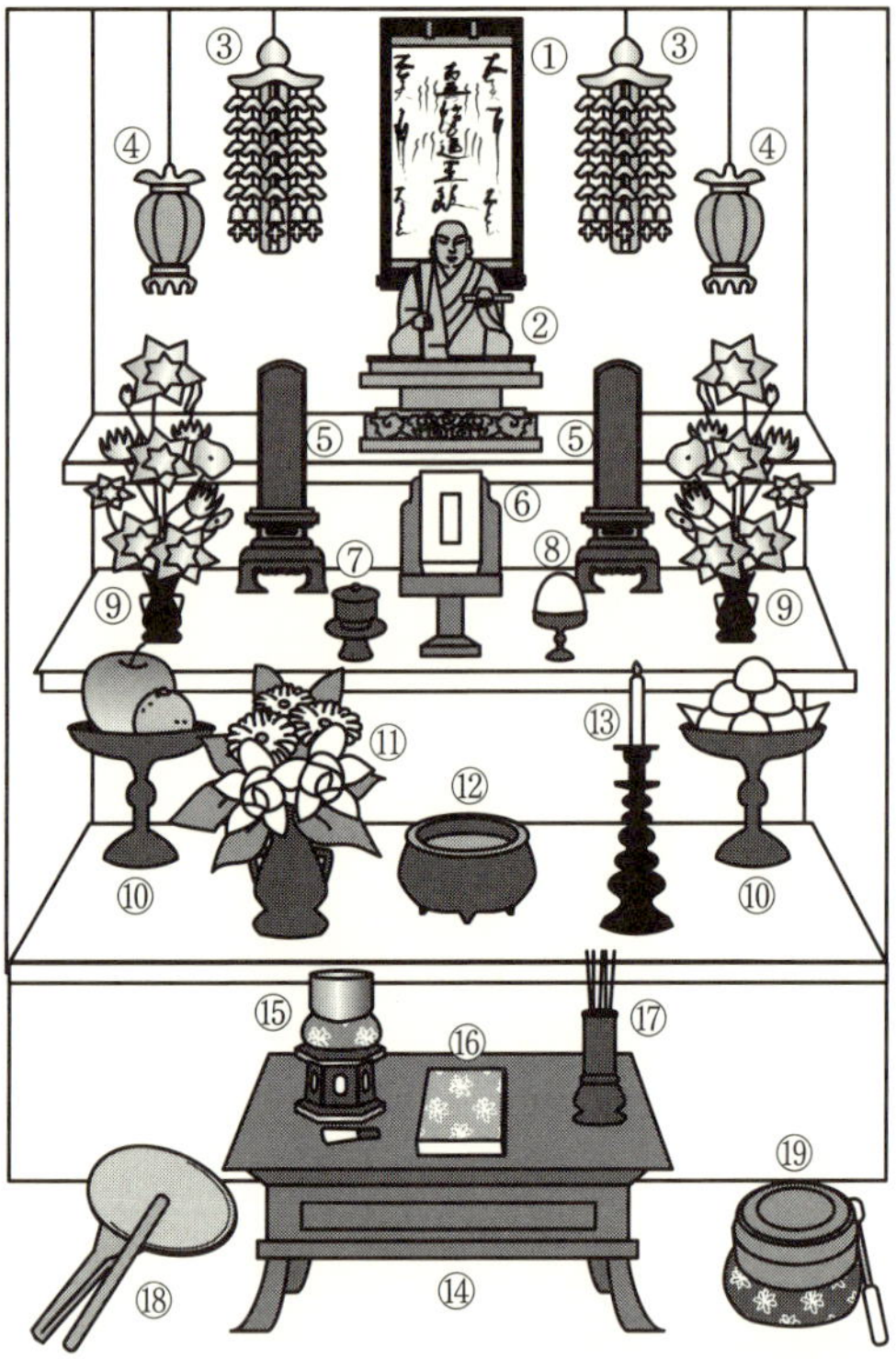

イラスト：花色木綿

①大曼荼羅ご本尊　②日蓮聖人像　③瓔珞《ようらく》（一対）　④灯籠《とうろう》（一対）　⑤位牌《いはい》　⑥過去帳　⑦茶湯器《ちゃとうき》　⑧仏飯器《ぶっぱんき》　⑨金蓮華《きんれんげ》（一対）　⑩高坏《たかつき》（一対）　⑪花瓶《かびん》　⑫香炉《こうろ》　⑬燭台《しょくだい》　⑭経机《きょうづくえ》　⑮鈴《りん》（カネ）　⑯経本　⑰線香立て　⑱団扇太鼓《うちわだいこ》　⑲木鉦《もくしょう》

※地域や仏壇の大きさにより祀り方が異なることがあります。
　詳しくは菩提寺のご住職にお尋ねください。

開《かい》経偈《きょうげ》

無上甚深微妙《むじょうじんじんみみょう》の法《ほう》は百千万劫《ひゃくせんまんごう》にも遭《あ》いたてまつること難《かた》し。我今《われいま》見聞《けんもん》し受持《じゅじ》する事《こと》を得《え》たり。願《ねが》わくは如来《にょらい》の第一義《だいいちぎ》を解《げ》せん。至《し》極《ごく》の大乗思議《だいじょうしぎ》すべからず。見聞触知《けんもんそくち》皆《みな》菩提《ぼだい》に近《ちか》づく。能詮《のうせん》は報身《ほうしん》、所詮《しょせん》は法身《ほっしん》、色相《しきそう》の文字《もんじ》は即《すなわ》ち是《これ》応身《おうじん》なり。無量《むりょう》の功徳《くどく》皆《みな》是《こ》の経《きょう》に集《あつ》まれり。是《こ》の故《ゆえ》に自在《じざい》に、冥《みょう》に薫《くん》じ密《みつ》に益《やく》す。有智《うち》無智《むち》罪《つみ》を滅《めっ》し善《ぜん》を生《しょう》ず。若《も》しは信《しん》、若《も》しは謗《ほう》、共《とも》に仏道《ぶつどう》を成《じょう》ぜん。三世《さんぜ》の諸《しょ》仏甚深《ぶつじんじん》の妙典《みょうてん》なり。生生世世《しょうじょうせせ》、値遇《ちぐう》し頂戴《ちょうだい》せん。

妙法蓮華経《みょうほうれんげきょう》　如来寿量品《にょらいじゅりょうほん》　第十六《だいじゅうろく》（自我偈《じがげ》）

自《じ》我《が》得《とく》仏《ぶつ》来《らい》　所《しょ》経《きょう》諸《しょ》劫《こう》数《しゅ》　無《む》量《りょう》百《ひゃく》千《せん》万《まん》　億《おく》載《さい》阿《あ》僧《そう》祇《ぎ》

常《じょう》説《せっ》法《ぽう》教《きょう》化《け》　無《む》数《しゅ》億《おく》衆《しゅ》生《じょう》　令《りょう》入《にゅう》於《お》仏《ぶつ》道《どう》　爾《に》来《らい》無《む》量《りょう》劫《こう》

為《い》度《ど》衆《しゅ》生《じょう》故《こ》　方《ほう》便《べん》現《げん》涅《ね》槃《はん》　而《に》実《じつ》不《ふ》滅《めつ》度《ど》　常《じょう》住《じゅう》此《し》説《せっ》法《ぽう》

我《が》常《じょう》住《じゅう》於《お》此《し》　以《い》諸《しょ》神《じん》通《ずう》力《りき》　令《りょう》顛《てん》倒《どう》衆《しゅ》生《じょう》　雖《すい》近《ごん》而《に》不《ふ》見《けん》

衆《しゅう》見《けん》我《が》滅《めつ》度《ど》　広《こう》供《く》養《よう》舎《しゃ》利《り》　咸《げん》皆《かい》懐《え》恋《れん》慕《ぼ》　而《に》生《しょう》渇《かつ》仰《ごう》心《しん》

衆《しゅ》生《じょう》既《き》信《しん》伏《ぶく》　質《しち》直《じき》意《い》柔《にゅう》軟《なん》　一《いっ》心《しん》欲《よく》見《けん》仏《ぶつ》　不《ふ》自《じ》惜《しゃく》身《しん》命《みょう》

時《じ》我《が》及《ぎゅう》衆《しゅう》僧《そう》　倶《く》出《しゅつ》霊《りょう》鷲《じゅ》山《せん》　我《が》時《じ》語《ご》衆《しゅ》生《じょう》　常《じょう》在《ざい》此《し》不《ふ》滅《めつ》

以《い》方《ほう》便《べん》力《りき》故《こ》　現《げん》有《う》滅《めつ》不《ふ》滅《めつ》　余《よ》国《こく》有《う》衆《しゅ》生《じょう》　恭《く》敬《ぎょう》信《しん》楽《ぎょう》者《しゃ》

我《が》復《ぶ》於《お》彼《ひ》中《ちゅう》　為《い》説《せつ》無《む》上《じょう》法《ほう》　汝《にょ》等《とう》不《ふ》聞《もん》此《し》　但《たん》謂《に》我《が》滅《めつ》度《ど》

我《が》見《けん》諸《しょ》衆《しゅ》生《じょう》　没《もつ》在《ざい》於《お》苦《く》海《かい》　故《こ》不《ふ》為《い》現《げん》身《しん》　令《りょう》其《ご》生《しょう》渇《かつ》仰《ごう》

因《いん》其《ご》心《しん》恋《れん》慕《ぼ》　乃《ない》出《しゅっ》為《い》説《せっ》法《ぽう》　神《じん》通《ずう》力《りき》如《にょ》是《ぜ》　於《お》阿《あ》僧《そう》祇《ぎ》劫《こう》
常《じょう》在《ざい》霊《りょう》鷲《じゅ》山《せん》　及《ぎゅう》余《よ》諸《しょ》住《じゅう》処《しょ》　衆《しゅ》生《じょう》見《けん》劫《こう》尽《じん》　大《だい》火《か》所《しょ》焼《しょう》時《じ》
我《が》此《し》土《ど》安《あん》穏《のん》　天《てん》人《にん》常《じょう》充《じゅう》満《まん》　園《おん》林《りん》諸《しょ》堂《どう》閣《かく》　種《しゅ》種《じゅ》宝《ほう》荘《しょう》厳《ごん》
宝《ほう》樹《じゅ》多《た》花《け》果《か》　衆《しゅ》生《じょう》所《しょ》遊《ゆう》楽《らく》　諸《しょ》天《てん》撃《ぎゃく》天《てん》鼓《く》　常《じょう》作《さ》衆《しゅ》伎《ぎ》楽《がく》
雨《う》曼《まん》陀《だ》羅《ら》華《け》　散《さん》仏《ぶつ》及《ぎゅう》大《だい》衆《しゅう》　我《が》浄《じょう》土《ど》不《ふ》毀《き》　而《に》衆《しゅう》見《けん》焼《しょう》尽《じん》
憂《う》怖《ふ》諸《しょ》苦《く》悩《のう》　如《にょ》是《ぜ》悉《しつ》充《じゅう》満《まん》　是《ぜ》諸《しょ》罪《ざい》衆《しゅ》生《じょう》　以《い》悪《あく》業《ごう》因《いん》縁《ねん》
過《か》阿《あ》僧《そう》祇《ぎ》劫《こう》　不《ふ》聞《もん》三《さん》宝《ぼう》名《みょう》　諸《しょ》有《う》修《しゅ》功《く》徳《どく》　柔《にゅう》和《わ》質《しち》直《じき》者《しゃ》
則《そっ》皆《かい》見《けん》我《が》身《しん》　在《ざい》此《し》而《に》説《せっ》法《ぽう》　或《わく》時《じ》為《い》此《し》衆《しゅ》　説《せっ》仏《ぶつ》寿《じゅ》無《む》量《りょう》
久《く》乃《ない》見《けん》仏《ぶっ》者《しゃ》　為《い》説《せつ》仏《ぶつ》難《なん》値《ち》　我《が》智《ち》力《りき》如《にょ》是《ぜ》　慧《え》光《こう》照《しょう》無《む》量《りょう》
寿《じゅ》命《みょう》無《む》数《しゅ》劫《こう》　久《く》修《しゅ》業《ごう》所《しょ》得《とく》　汝《にょ》等《とう》有《う》智《ち》者《しゃ》　勿《もっ》於《と》此《し》生《しょう》疑《ぎ》
当《とう》断《だん》令《りょう》永《よう》尽《じん》　仏《ぶつ》語《ご》実《じっ》不《ぷ》虚《こ》　如《にょ》医《い》善《ぜん》方《ほう》便《べん》　為《い》治《じ》狂《おう》子《し》故《こ》
実《じつ》在《ざい》而《に》言《ごん》死《し》　無《む》能《のう》説《せっ》虚《こ》妄《もう》　我《が》亦《やく》為《い》世《せ》父《ぶ》　救《く》諸《しょ》苦《く》患《げん》者《しゃ》

為《い》凡夫《ぼんぷ》顛倒《てんどう》　実在《じつざい》而《に》言滅《ごんめつ》　以《い》常見《じょうけん》我故《がこ》　而《に》生《しょう》憍恣心《きょうししん》
放逸《ほういつ》著《ぢゃく》五欲《ごよく》　堕《だ》於《お》悪道中《あくどうちゅう》　我《が》常《じょう》知《ち》衆生《しゅじょう》　行道《ぎょうどう》不《ふ》行道《ぎょうどう》
随《ずい》応《おう》所《しょ》可《か》度《ど》　為《い》説《せつ》種種法《しゅじゅほう》　毎自《まいじ》作《さ》是《ぜ》念《ねん》　以《い》何《が》令《りょう》衆生《しゅじょう》
得入《とくにゅう》無上道《むじょうどう》　速《そく》成就《じょうじゅ》仏身《ぶっしん》

あとがき

本書は、日蓮宗の檀信徒のみなさまや、ご縁のあるかたがたが、疑問を抱かれるであろう事柄について、答えを示したものです。執筆は日蓮宗現代宗教研究所の所長、主任、研究員(当時)が担当しました。

「一　お寺を訪ねて」では、みなさまが日蓮宗のお寺においでの際に、見聞きするであろうことについて説明しています。「二　日本の歳時記とお寺の年中行事」では、日蓮宗で行う年中行事について説明しています。「三　葬儀をご縁として」では、亡き人をお送りする際、知っておいていただきたいことをまとめています。「四　法事・お盆を迎えて」では、亡き人を偲ぶ際に心得ていただきたいことをまとめました。「五　檀信徒としての心得」では、日蓮宗の檀信徒として行っていただきたい各家庭での実践について触れています。「六　み教えをいただいて」では、その他さまざまな事柄に対して、日蓮宗ではどのように考えるか、その一例を紹介しています。

本書は、日蓮宗を知っていただくための入門書です。このため、場合によっては説明が不十分であるように感じられるかたもあるかもしれませんが、ご寛恕くだされればと存じます。

本書を手にとり、仏教や日蓮宗、ひいては日蓮聖人へ興味を持っていただくきっかけとなりましたなら、執筆者一同、望外の喜びです。

参考文献（五十音順）

『うちのお寺は日蓮宗』（双葉社）
『お寺への質問　日蓮宗の知識123』（日蓮宗新聞社）
『詳解　日蓮と日蓮宗』（学研パブリッシング）
『信行必携II』（日蓮宗新聞社）
『日蓮辞典』（東京堂出版）
『日蓮宗事典』（日蓮宗宗務院）
『日蓮宗のお葬式』（双葉社）
『日蓮宗宗定法要式』（日蓮宗）
『日蓮宗小事典』（法藏館）
『日蓮宗信行教典』（鎌倉新書）
『日蓮宗信仰読本』（日蓮宗新聞社）
『日蓮宗の教え』（日蓮宗新聞社）
『日本人として心が豊かになる仏事とおつとめ日蓮宗』（青志社）
『仏教質問箱』（水書房）
『よくわかる仏事の本　日蓮宗』（世界文化社）
『わが家の宗教　日蓮宗』（大法輪閣）

執筆者一覧（五十音順）

池浦英晃（いけうら　えいこう）

一九七五年生まれ。二〇〇一年、立正大学大学院文学研究科社会学専攻修士課程修了。日蓮宗現代宗教研究所研究員。

岩田親静（いわた　しんじょう）

一九七二年生まれ。二〇〇二年、立正大学大学院文学研究科仏教学専攻博士課程研究指導修了満期退学。日蓮宗現代宗教研究所研究員。

大乗文晴（おおのり　ぶんせい）

一九六八年生まれ。一九九五年、立正大学大学院文学研究科仏教学専攻博士課程研究指導修了満期退学。日蓮宗現代宗教研究所元研究員。

小瀬修達（おせ　しゅうたつ）

一九六九年生まれ。一九九六年、立正大学大学院文学研究科仏教学専攻修士課程修了。日蓮宗現代宗教研究所研究員。

鶏内泰寛（かいち　たいかん）

一九七六年生まれ。二〇〇一年、立正大学仏教学部宗学科卒業。日蓮宗現代宗教研究所研究員。

川口智徳（かわぐち　ちとく）

一九七七年生まれ。二〇〇〇年、福井工業大学経営工学科卒業。日蓮宗現代宗教研究所研究員。

河崎俊宏（かわさき　しゅんこう）

一九六八年生まれ。一九九二年、立正大学仏教学部宗学科卒業。日蓮宗現代宗教研究所研究員。

古河良啓（こが　りょうけい）

一九八一年生まれ。二〇一一年、立正大学大学院文学研究科仏教学専攻博士後期課程研究指導修了満期退学。日蓮宗現代宗教研究所研究員。

小林康洋（こばやし　こうよう）
一九七〇年生まれ。一九九四年、信州大学経済学部卒業。日蓮宗現代宗教研究所研究員。

齋藤宣裕（さいとう　せんゆう）
一九七七年生まれ。二〇〇三年、立正大学大学院文学研究科仏教学専攻修士課程修了。日蓮宗現代宗教研究所研究員。

坂輪宣政（さかわ　せんしょう）
一九六八年生まれ。二〇〇一年、立正大学大学院文学研究科仏教学専攻博士後期課程単位取得満期退学。博士（文学）。日蓮宗現代宗教研究所嘱託。

鈴木是妙（すずき　ぜみょう）
一九六三年生まれ。一九八二年、長野県立野沢北高等学校卒業。日蓮宗現代宗教研究所研究員。

高佐宣長（たかさ　せんちょう）
一九五九年生まれ。一九八八年、立正大学大学院文学研究科仏教学専攻博士後期課程研究指導修了満期退学。日蓮宗現代宗教研究所前主任。

中村龍央（なかむら　りゅうおう）
一九六一年生まれ。一九八四年、立正大学仏教学部宗学科卒業。日蓮宗現代宗教研究所嘱託。

延本妙泉（のぶもと　みょうせん）
一九六六年生まれ。一九八七年、福岡女子短期大学文科英語英文専攻英文学科卒業。日蓮宗現代宗教研究所研究員。

蓮見高円（はすみ　こうえん）
一九八〇年生まれ。二〇〇六年、筑波大学大学院物質創成先端科学専攻修士課程修了。日蓮宗現代宗教研究所研究員。

原一彰（はら　いっしょう）
一九六九年生まれ。一九九五年、東京大学工学部都市工学科卒業。日蓮宗現代宗教研究所研究員。

藤﨑善隆（ふじさき　ぜんりゅう）
一九七六年生まれ。二〇〇〇年、東京大学文学部思想文化学科インド哲学仏教学専攻卒業。日蓮宗現代宗教研究所研究員。

三原正資（みはら　しょうし）〈監修〉
一九四八年生まれ。一九七一年、立正大学仏教学部宗学科卒業。日蓮宗現代宗教研究所所長。

山口功倫（やまぐち　こうりん）
一九七九年生まれ。一九九九年、八代工業高等専門学校（現・熊本高等専門学校）情報電子工学科卒業。日蓮宗現代宗教研究所研究員。

仏事《ぶつじ》Q&A　日蓮宗《にちれんしゅう》

平成27年9月18日　初版第1刷発行
令和 2 年2月25日　初版第2刷発行

著　者　日蓮宗現代宗教研究所
発行者　佐藤今朝夫
発行所　株式会社 国書刊行会
〒174-0056　東京都板橋区志村1-13-15
TEL 03(5970)7421　FAX 03(5970)7427
E-mail: sales@kokusho.co.jp

組版・装幀　上田　宙(烏有書林)
印　刷　株式会社 エーヴィスシステムズ
製　本　株式会社 村上製本所

落丁本・乱丁本はお取り替えいたします。

ISBN 978-4-336-05948-2